만인시인선 · 55

룸펜들

김현옥 시집

룸펜들

만인사

자서

한동안 80여 편의 시를 썼다. 버릴 건 버리고 남은 것들에게 집을 선물한다. 아직 시의 집 지을 여력이 남아 있다는 게 그나마 다행이다. 그 옛날엔 이런 건전한 생각도 들지 않았으므로, 아직도 한뎃잠 자는 늙고 가여운 시들을 생각하면.

내면의 길 위에서 아무에게도 들려줄 수 없어 홀로 중얼거렸던 노래들, 이제는 세상에게 들려주고 싶다. 노래가 흘러갈 수 있는 아름다운 길을 위해.

우주의 저 무수한 별들처럼 자신들의 궤도를 돌 수밖에 없는 인간의 운명. 그러나 가끔씩 그 궤도를 기어이 탈출해보면 어떨까? 낯선 그곳에서 서로에게 꽃으로 피어난다면, 우리는 시적인 삶을 일별할 수도 있으리.

차 례

차 례

차 례

차 례

룸펜들

나는 더 이상 울지 않는다

나의 음악은 울음으로 시작되었다
—밥 말리

밥 말리를 들으며
혼자 밥 먹는다
외롭지 않다, 다행이다

밥과 함께 밥을 먹으면
밥이 음악적으로 먹혀진다
어깨가 술렁술렁, 이빨이 춤춘다

No Woman No Cry
나는 더 이상 울지 않는다
비록 나의 시는 울음으로 시작되었다 할지라도,

A

비가 내리는데 화창하다고
화창한데 흐리다고
흐리기만 한데 눈이 온다고
눈이 내리는데 그저 바람만 분다고
바람만 울창한데 비가 내린다고
A는 곧잘 그렇게 말한다
그래도 개들에게는 잘 먹혀 들어간다는데

비가 내려 비가 내린다고 말했더니
A가 화를 낸다
그 다음부턴 그냥 안부만 묻는다
A는 개들과 사이좋게 아주 잘 지낸다며
건성으로 대답한다
이제 서로 날씨 얘기는 하지 않는다

(에이 에잇 아아아 비가 온다)

머치!

(혹, 사랑을 시의 필름에 담을 수만 있다면
밤새워 그 필름 인화해낼 테다!)

하우 머치 두 유 러브 미?
그의 대답은 한결 같다
머치!
그녀가 깔깔깔 웃는다
그에겐 수사학 같은 건 필요 없다
다만 머치!일 뿐, 언제나 변함없이

시가 내게 얼마나 나를 사랑하니? 묻는다면
나는 눈동자 맑은 아이처럼 많이!라고만 대답할 것이다
하늘 만큼 땅 만큼이란 수사학은 불러들이고 싶지 않다
그 반짝이 옷 같은 수사들을 걸치고 싶지 않다
그 화려한 수사들의 변덕을 믿을 수 없기에
다만 바보처럼, 다른 단어들은 깡그리 밀어버리고
많이!라고만 대답할 것이다

짜라투스트라가 말했다

시의 향기를 내게 건넨 스승도 없었다
내 시와 동행한 친구도 없었다
삼십 년, 나의 시는 고독했다
고독은 내 시의 자궁
자궁은 건강했다
시는 순풍순풍 백지 위에 태어났지만
세상의 어느 길로 가야 할지 알지 못했다

고독이 별처럼 빛나는 밤
짜라투스트라가 나의 시에게
고독 한 잔 건네며 손가락으로 말했다
이봐, 저 별 좀 봐, 고독해 보여?
나의 시는 도리질하며
별빛처럼 환해졌다

고독이 빛나는 순간
길 없는 길이 시에게로 왔다

눈물꽃

마음이 흘러가면
무슨 꽃인가는 피어나곤 했지
마음의 물방울 터뜨려지는 곳에서

너에게로 흘러가다 맺힌
물방울, 글썽이는 눈물꽃,
들여다봐 주겠니?
그 꽃 지고 난 자국
네 온 마음으로 읽어 주겠니?

마음 기울이다
마음 쏟아진
그 자리, 네가 붉게 피어 있던

생에 대한 예의

내 생엔 왜
그럴듯한 서사가 없고
이미지만으로 기억될 서정뿐인가
한때 그게 궁금했다

누군가에게 자랑스럽게 뿜어낼
스토리가 없다는 건
잘못 살아온 것인가?

일찍 핀 꽃들이 부러운 때도 있었다
일찍 핀들 늦게 핀들 무슨 상관이랴 싶어지니
늦은 꽃들에게 시선이 갔다
마침내 피워낸다는 게 너무 경이로워
길바닥에 주저앉아 피어난 쬐끄만 풀꽃에게
와우, 야 반갑다, 축하해!

다만 한번은 꽃 피워내고 이 땅을 떠나는 것이
생에 대한 예의 같다

서사든 서정이든 여기든 저기든
꽃의 토양은 씨앗의 날개에 달린 일

어쩌랴, 안간힘으로
화알짝, 우두둑! 기지개 펴보자꾸나

렛 잇 비

아무리 계절이 바뀌어도 전혀 바뀔 수 없는 옷들 저마다 몇 벌씩 마음의 장롱 속에 넣어두고 살아간다는 것을 알게 된 어느 순간,

아무리 꽃 피우기 위한 것이라는 명목일지라도 누군가에게 무엇을 강요한다는 건 자신의 꽃병에만 꽃을 가둬두기 위해 산이나 들에 핀 꽃의 모가지 비틀어 집으로 가지고 오는 것과 무엇이 다를까?

꽃잎의 죽비가 어깨에 내려앉는다
꽃은 강요의 채찍질 따윈 필요 없다

내버려두면 때로 장롱 정리도 하고 때로 계절에 맞춰 마음을 갈아입고 싶은 순간이 온다. 꽃의 고요한 수화가 가슴을 어루만질 때

벽? 시바, 다 부셔버리자!

핑크 플로이드의 The wall을
인터넷으로 검색하다가 들어간
한 블로그에서 만난 문장,
벽? 시바, 다 부셔버리자!
하하하 그 어떤 구불구불한 시보다도
나의 속을 확! 풀어준다
벽에게 이렇게 통쾌유쾌상쾌할 수 있다니
시바 쫄지마!는 한참 하수다

까짓껏 다 부셔버려, 벽 같은 것들
그리고 행진!
지평선 보이는 네 가슴까지

사이버 유령

컴퓨터 앞에 앉아
현대판 유체이탈을 한 사이버 유령,
딱딱한 모니터 속으로 스며들어가
공중의오두막공중의아파트공중의빌딩공중의공장
공중에 세워진 그 모든 사상누각들 속을 유영하며
그곳에서 흘러나오는 소리들을 본다

물어뜯거나총을겨누거나사기를치거나비명을지르거나 악수를하거나부둥켜안거나사랑을나누거나꽃을피우거나 헛것을추격하거나허방에빠지거나 구름처럼 둥 둥 둥 떠가는 소리와 소리들의 흘레붙음 혹은 증오 혹은 가면, 아아아아악오오오오옥으으으으윽 소리들이, 유령처럼 소리 없이

소리 없는 소리들이
순식간에 지구 몇 바퀴 도는 건 너무나 쉬워

점점 거대해지는 문명의 발자국

사이버 유령이 다시 몸속으로 들어올 때쯤
컴퓨터 앞 좌선하던 몸은
최첨단 명상법으로 빽적지근해진다

영혼을 팔아버릴 수도 있을까
사이버에, 사이비에

꽃샘추위

남이 잘 되면 배 아픈 것은
인간들이나 하는 짓인데
날씨까지 꽃들에게 시샘을?
모르긴 몰라도 아마
시샘이란 말은 인간들이 날씨에게 붙인 것이고
반짝 추위는 다만
더 환한 꽃을 피우라는
자연의 반주 아닐까,
꽃들의 준비체조를 위한?

꽃들은 춥다
그래도 아직 남았다, 몽환의 길
환장할 그 길 위에서
날씨의 축복을 받을 것임을 알기에
추워도 꽃들은 불평하지 않는다

꽃들에 대한 예의가 아닐 것 같아 겨울파카 대신 봄 잠바를 입고 미황사엘 왔다 춥다 겨울파카 생각 간절하다 추운 동백꽃들은 나무에 오지게 매달려 겨울도 건너 왔는데 이쯤이야 하는 표정, 그래그래 이쯤이야! 꽃들에게 예의를 지키길 잘 했다 붉디붉은 동백꽃 앞에서 확! 달아오르네

내막

어쨌든 대부분 내막은 알 길 없었지만
그냥 또 아무렇지도 않게 그것을 지나쳐갔지
우리가 알고 있는 것이
다만 포장지나 짙은 화장
혹은 검은 비닐봉다리나 가면뿐이라 해도
우리는 건배를 하고 풍문들이나 안주 삼았지

우리가 역사라고 알고 있는 것이 혹,
내막의 화려한 의상들이지는 않을까?
역사보다는 야사가 내막에 더 가까울까?

내막은 꽁꽁 숨겨져 있다가 실종되든지
비명도 없이 생매장되어 버려도 알 도리 없으니
내막의 운명은 비통할 밖에

어쨌든 빙산의 일각들만
그것도 제멋대로의 포커스나 렌즈로 보고 살아가도

일상의 가동엔 아무 지장 없으니
내막 따윈 아무래도 괜찮은가?

내막 바깥층만 훑어도 흥미로운 것들이야 많지
그것만 핥아도 일생 바쁠 거야
근데, 화려한 자서전을 대필한 사람들은
내막을 잘 알고 썼을까?

역사에서 홀연히 사라져버린 숱한 내막들
사교에서 당연히 매장되는 불쌍한 내막들
너와 나 사이에 결코 손 잡을 수 없는 몇 개의 내막들

고통의 섬

나는 네 고통의 온도를 모른다
그래, 아는 척하며
화려한 위로의 꽃다발 건네지도 않으마
내가 몰라줘도 섭섭해 하지 마라
네 고통의 지도 나에게 보여준 적 없으니
도대체 너의 어느 곳이 얼마나 아픈지 모르니
그러므로 이 악물고 고통과 작별하기를
내가 모르는 너의 고통 보란 듯 발로 차버리기를

나에게 박힌 작은 가시는 잘 알아도
네가 진 십자가를 나는 모른다
그러니 골고다로 걸어가며
세상을 하늘을 원망하지 말아라
너의 고통 알았더라도
나는 너의 십자가 대신 져 줄 수 없기에
그러니 무슨 일 있어도
기어코 골고다를 건너

네 그리운 나라로 춤추며 가기를

나는 너의 고통 되어 본 적 없다
되어 보려는 제스처도 사양하련다

늘 고통은 섬이므로

(그게 사랑일까?)

네가 아프다니
나도 아파지네

네가 붉어지니
나도 붉어지네

네가 파란 하늘 어쩌구 하니까
나도 파란 하늘 자꾸만 쳐다봐지네

자꾸 너에게 물들어가다보니
내가 없어지네

(그게 사랑일까?)

물들여지다 탈색되다
어쩔 수 없이! 다시 물들어지다보니

나는 너를 잊지 않았다

오래 전에 읽은 책
책장에서 뽑아
무심히 넘기다
우연히 마주친
밑줄 쳐진 문장처럼
나, 너에게
어느 날 문득, 그렇게 읽혀질까?
아! 하며 네 가슴의 현들 켜질까?
오래 전 잊어버린 노래가 네 입술 물들일까?
너라는 세상 너머로 사라져버린 나를
다시 세상의 노을 속으로 데려올 수 있을까?

나는 너를 잊지 않았다

잊지 않는다는 건
아프면서도 환하다

일단 **눈**이 맞아야

별과 눈 맞추기 위해
달에게 윙크하기 위해
머리 뒤로 젖히고
눈을 높게 뜬다

그대와 눈 맞추기 위해
눈에 도장을 새기기 위해
그대 얼굴 들여다보며
눈을 수평으로 뜬다

민들레꽃과 눈 맞추기 위해
앉은뱅이 풀꽃들에게 눈인사하기 위해
할미꽃처럼 고개 숙여
눈을 낮게 뜬다

무수한 눈들을 사랑하기 위해, **눈**은
그 눈들 가만히 들여다볼 수 있는

꼭 그 높이에 걸려 있어야 하리

일단 **눈**이 맞아야
눈으로 통해 있는 마음길 가든 말든

사랑의 흔적

늘 환상처럼 솟아 있던
에트나*를
마침내
만나러 갔네

한때는 폭발하는 사랑이었을 마그마
검은 라바로 얼굴 바꾼 채
에트나의 허리춤에 캄캄하게 누워 있었네

(열정과 냉정 사이
무심한 바람만 무성하고)

에트나 늙은 분화구의
움푹 패인 가슴 속 밑바닥엔
누군가 작은 돌멩이로 만들어놓은

---

*시칠리아에 있는 활화산

하트가 고요히 빛나고 있었네

(낡은 햇살 아래 침묵하는
하트 속에 갇힌 사랑의 기억)

생의 마지막 순간
늙은 내 일생의 가슴도
하트 머금은 분화구의 가슴 닮아 있다면

(흔적이라도 있다는 건
사랑이 내 일생을 다녀갔다는 것이라서)

시선

너의 시선은 어디로 가는가?
너의 시선에 무엇이 피어 있는가?

너는 어떤 시선을 입고 싶은가?
너는 어떤 시선을 벗어 던졌는가?

시선이 사랑스럽니?
시선이 지옥이니?

시선이 유유한 강물이니?
시선이 뻣뻣한 철사줄이니?

너의 시선을 뉴턴해서
너에게로 데려와 봐
너의 누드가 보이니?
도망다니지 마!

본색

빨주노초파남보 막 늘어놓는 너에게 네 원래 색깔이 뭐니? 파랑이었니? 돌직구 날리면 너는 갑자기 노랑을 마구 펼쳐놓는다 아 한때 너, 보라였지 않았니? 보라를 잊은 지 한참 됐어 요즘은 빨강에 빠져 있어 근데 사실 혼자 있을 땐 까망이야 까망뿐이지 울긋불긋 너무 많은 색깔을 건너다니다 보니 지칠 때도 많지 그땐 까망이 최고야 그렇다고 언제까지나 까망인 건 딱 질색이야

네 원래 색깔이 뭐니?라고 묻는 건 참 구식이다 옛날에는 그것이 통했을지도 모르지만 이 시대 사이키델릭 조명 속에서 원래 색깔 운운이라니! 근데 왜 자꾸 궁금해지는 걸까, 이랬다 저랬다 하는 카멜레온들 사이에서, 네 원래 색깔

모르는 게 약? 아는 게 힘?

모르는 게 약이라나
아는 게 힘이라나

이리 저리 장단을 잘 맞춰야
약도 되고 힘도 되겠네

다 알려고도 하지 말고
다 안다고 너무 힘자랑도 하지 말고

어느 땐 병이 모르는 새 내 몸을 다녀가듯
그냥 모르고 지나가며 노래나 부르고

세상천지가 물음표일 때
나는 누구인가, 그것부터 알아내자구

섬·꽃

오래 전 인도에서 만났던 스님들과
세월을 건너 미황사 부도암에서
차와 음악과 안부를 나눈다
부도암 통유리 건너 바다 위에 떠 있는 섬들처럼
우리는 각자 세월의 바다에서 섬이었다가
오늘은 미황사 산책로에서 만난 흰제비꽃들처럼
지지배배지지배배 얘기꽃 피워낸다

섬들은 따스하고
꽃들은 천진하다

물속처럼 고요한

고요한 일요일, 어항 속 붕어처럼
갇힌 하루 속에서 지느러미나 흐느적대다가
문득, 대학 때 배운 에드워드 올비의
누가 버지니아 울프를 두려워하랴,가
내 마음의 타자기에 타다닥 찍힌다
그 드라마 내용도 다 잊어 버렸는데
삼십여 년 지난 지금 그 제목만
강물에 빠진 버지니아 울프의 시체처럼 떠오른다

진실을 두려워했던가, 나는, 그때?
진실은 언제나 상처만 남겼던가?
우리 사이에 아직도 버지니아 울프가 존재하는가?
이미 죽어 매장되었는가?
아,그랬구나,그랬니?어머나,세상에!그래서?어쩌면좋아?!
아마 그때 나는 그런 변죽의 커튼으로
버지니아 울프를 가렸던가?
손으로 입을 가리고 웃는 것처럼

물속처럼 고요한 일요일 저녁
버지니아 울프와 만나
고통과 환희의 칵테일잔 건배하고 싶네
진실이 내 목을 겨눈다 해도

있는 그대로 · 1

때론, 그럴 때가 있더군
말이, 마음이
쥘부채처럼 착 접혀지는 때가

사심 없는 말이
사심 많은 마음에게
사심 있게 받아들여지고
사심 없는 마음이
편견이나 고정관념의 렌즈를 통해
굴절되어 받아들여질 때
말이, 마음이, 이크! 접혀지고 말아

있는 그대로 받아들여진다는 게
말처럼 쉽지는 않더군

순한 짐승의 눈처럼
있는 그대로 보는 눈을 들여다보고 싶어

그 눈은 모든 것들을
있는 그대로 통과시키고
언제나 텅 비어 있을 것만 같아

있는 그대로 · 2

껍데기는 화려한데 몇 겹만 들춰보면 우후 속 빈 강정, 씁쓸해 껍데기도 그럭저럭 알맹이도 그럭저럭, 먹을만해 껍데기도 시원찮고 알맹이도 시원찮아, 그냥 버렸네 껍데기는 시원찮아도 알맹이가 실해, 와우! 껍데기는 그럭저럭 알맹이가 시원찮아, 입만 버렸네

껍데기 없이도 참한 알맹이
알맹이로 착각한 껍데기
껍데기와 알맹이의 모호한 경계
무수한 표정의 껍데기와 알맹이의 조합

껍데기만 보지도 말고
알맹이만 고집하지도 말아야 할까
그냥 저냥 저 생긴 대로
껍데기 알맹이 시시비비할 필요도 없이?
우우우 그런 거야?

돼지 껍데기 좋아하는 사람도 있고
돼지 목살 좋아하는 사람도 있고
돼지 막창 좋아하는 사람도 있고

좌우지간 껍데기 알맹이 다 때려치우고
있는 그대로의 너와 나를 허깅하며
부디 즐겁기를

희망 없이 대책 없이

희망과 대책이
선거공약처럼 아무리 난무해도
희망 없이 대책 없이
주저앉은 삶들이 노숙하는
추운 이 시대의 거리,
언제나 빙판길
잘못하면 뒤로 벌렁 나자빠져
재수 없으면 황천길

희망과 대책이
날이면 날마다 새로 개발되는데
힐링이란 단어는 왜 그토록 히트상품인가

뒤집어보면 다들 어딘가 곪아터져 있다
힐링이 불티나게 팔린다는 건
어딘가 말할 수 없는 곳이 무지 아프다는 거다

희망 없이 대책 없이
죽음으로 가고 있다
아무리 희망과 대책을 세워본들

물의 노래

기억하니, 물아?
네가 얼음이었던 겨울
네 속에 차디찬 네가 겹겹이어서
네 몸은 꽝꽝 못박혀
길이란 길은 다 너를 피해가곤 했던

그래도 너는 물이어서
흘러가야 할 너의 삶 잊지 않았지
사랑으로 얼음의 수갑 풀지 않으면
네가 노래 부를 수 없다는 걸
너의 노래가 비로소 길을 만들어낸다는 걸
잊지 않았지, 네 몸과 마음을 녹여
다시 낯선 길에게 스며들어야 한다는 걸

너의 영혼은
구름의 얼굴을 닮아
길 없는 길 고요히 흘러가다
문득 하늘을 다 가리는 술래가 되어

후후훗 너는 숨바꼭질로 즐겁구나

물아, 너는 하늘에서 땅까지
그 먼 길 곤두박질하면서도
상처 하나 없이 지상의 길 위에서
여여히 빛나는구나, 너의 노래로

가벼운 안부

각자의 슬픔은
서로의 가벼운 안부를
피곤하게 할까봐
입 다물고

각자의 기쁨은
서로의 가벼운 안부에
무게를 더할까봐
입 다물고

그래 우리가 나눌 수 있는 건
먼 섬의 눈짓 같은
가벼운 안부뿐

너무 뜨겁거나 너무 차가운
기쁨과 슬픔은
미지근해질 때까지
마음의 금고 속에나

가벼운 안부만으로도
관계라는 것이 이어지더군
거미줄 거둬내듯
한순간 사라질 수도 있겠지만

달인의 약속

(화면 속에서 그는 작은 돌덩이 하나로 메밀을 빻는다 막국수 15인분을 위해 두 시간이나 메밀과 하나가 되어, 그러니 그의 엄지손톱은 안녕하지 못하다)

방송국 피디는 이 명품막국수의 탄생과정에 놀라며 묻는다, 한 그릇 얼마예요?

오천 원이요.

왜 분쇄기를 사용하지 않고 힘들게 그러세요?

이렇게 빻아야 막국수가 끊어지지 않고 맛있거든요, 이걸 40년 고집해온 건 약속 때문이지요, 손님들과의 약속 그리고 자신과의 약속. (그의 약속은 너무도 우직해서 그가 손에 쥔 돌덩이 같다) 막국수를 만들어오면서 막 살지도 않았고 나는 막국수를 위해 태어난 것 같아요. (그의 정직한 얼굴이 구절초처럼 웃으며 막국수와의 사랑을 들려준다)

이 시대에 휘황한 약속 마구 남발하고는
그 약속들 분쇄기로 휘익 돌려버리는 이 땅의 웃대가

리들은

꼭 이 달인의 막국수 먹어봐야 하리

탁월한 요리사

삶의 요리엔 늘 자신 없었던 당신, 당신에게로 당도한 고독이란 재료를 다듬고 씻어 처음 요리라는 것을 시작했던가 그냥 놀이처럼 당신은 탁월한 요리가 아니어도 상관없다,는 양념을 팍팍 쳤던가 누군가는 그 요리로 허기를 면하겠지 하며, 아니 최소한 당신만이라도

오로지 삶에서 배운 노하우로
자신이 개발한 레시피로 만든
요리 앞에 두 손 합장하고
감사의 기도를 올리는 당신,
세상이 검증하는 자격증 따윈 필요 없지
그 요리로 당신을 연꽃으로 피어나게 하고
당신이 초대한 삶의 얼굴들에 느낌표만 팡팡 찍힌다면
당신은 누가 뭐래도 최고의 요리사

더 완벽한 재료를 위해 마트에 갈 필요도 없지
아침에 자신에게 당도한 하루의 재료들만으로도

요리하는 데는 아무 문제 없다는 거
즐겁게 요리하다 보면 알게 되지
구태여 비싼 재료와 현학적인 조리법이 필요 없다는 거
주어진 천연의 재료들 맛과 영양 충분히 살리기만 하면
오케이라는 거

사람들이 당신은 참 단순하다,고 하면
단순해질수록 삶의 요리는 깊어진다며
당신은 웃지, 아이처럼

발효빵

서로 만나지 않았음 언제나 남이었을 밀가루, 소금, 설탕, 버터, 계란, 이스트 등등이 적당한 비율로 물과 함께 만난다 처음엔 데면데면 잘 섞여지지 않던 것들이 손의 사랑으로 함께 어우러져 반죽으로 건너간다 서로 조화롭게 뭉쳐지지 않으면 부드럽고 맛있는 빵으로 건너가지 못하기에 아기 궁둥이처럼 말랑말랑해질 때까지 손은 무뚝뚝한 반죽을 주무르고 또 주무른다 반죽은 차츰 사랑의 마사지를 받는 몸처럼 순해진다 손목이 시큰거릴 때쯤 비로소 아기 궁둥이가 완성된다 너와 내가 경계도 없이 사라지고 반죽이라는 이름의 우리가 완성되어 발효라는 새로운 경험 속으로 들어가 쉰다 쉬면서 이스트의 활약으로 차츰 풍만한 임산부의 배처럼 부풀어 오른다 빵을 낳을 준비가 다 된 반죽의 얼굴은 보름달처럼 환하다 그 보름달 주물러 빵의 얼굴 조각해놓고 또 다른 발효를 기다리는 동안 마치 결혼 첫날밤을 맞이하는 것처럼 오븐도 빵의 맨얼굴 기다리며 달아오른다 발효빵을 완성할 딱 맞는 온도의 사랑으로, 자 이제 그 사랑의 샤워를 할 차례

생각

생각의 감옥에서
생각의 이빨에 잡혀
생각에게 씹히고
생각에게 삼켜지곤 했던 그때
너덜너덜해진 내가 가여웠다

생각의 감옥을 탈출해
생각을 생포해서
생각을 꼭꼭 씹어
생각을 꿀꺽 삼키는 지금
널널한 내가 기특하다

어쨌든 흐른다니,

흘러나온다, 노래
흘러나온다, 시
흘러나온다, 따스한 젖

흘러내린다, 빗방울
흘러내린다, 눈물
흘러내린다, 녹은 아이스크림

여하히 흘러나와 흘러가면서
나는 너희를 만나고 스쳐지나가고
당신들을 만나고 스쳐지나가고
문득, 그대에게서 흘러내리기도 한다

흘러나오는가
흘러내리는가
희망이든슬픔이든절망이든추억이든사랑이든

어쨌든 흐른다니, 아직은
길이 남아 있다, 다행히

인연

칭칭 묶어 놓지도 말고
뎅강 잘라내지도 말고
그냥 너 할 대로 해라 놓아두면
인연, 저 가고 싶은 대로 발길 돌리겠지

징하게 맺히지도 말고
모질게 돌아서지도 말고

머물고 싶으면 머물고
떠나고 싶으면 떠나는
인연의 발자국마다
읽어내야 할 상형문자 새겨지겠지

그래 니 맘 내키는 대로 하거라
꽃아, 나비야, 천둥아, 바람아, 별아
내 삶으로 들어오든지 말든지
나는 시방 어데 좋은 구경이나 갈란다

그 입술

한번도 사랑한 적 없으면서
사랑해,라고 말하는 그 입술
살짝 입꼬리를 올리며 입술로만
제조하는 말들, 어떤 입모양으로
그런 말 찍어내는지 알지 못한 채
얇고도 얇게 달싹이는 그 입술,
어쩌면 그렇게 천연덕스러운지
마음에 루즈를 덧칠하고 또 덧칠해
욕망의 거래를 위해서라면
연분홍빛 말들 얼마든지 저장하고 있는
그 무서운 입술

룸펜들

낭만이 삶을 지배했던 시절
고급 룸펜들은 클래식 다방에 죽치고 앉아
문학이니 철학이니 예술이니 사랑이니 하는 메뉴들로
하루의 배를 채웠을까?

인터넷 카페에 시시때때 들락대며
시시덕대는 세상의 소리에 하루를 적시는
현대 룸펜들, 언제나 허기와 갈증으로
매일 새로운 핫 메뉴들을 검색한다
낭만은 노래가사 속으로 들어가 버린지 오래여서

산문시

시가 산문을 만나 커피를 마신다

시는 그냥 커피 맛을 언급하고 산문은 자기가 알고 있는 온갖 종류의 커피 이름들과 커피에 관한 지식을 떠들어댄다 산문의 기억력은 타의 추종을 불허한다

시는 그냥 커피를 마신다 케냐든 브라질이든 이름을 알 필요도 없다 커피가 혀끝에 남긴 향기와 가슴의 두근거림, 온몸으로 퍼지는 커피의 사랑 정도면 충분하다

시를 쓰는 목적이 뭡니까? (다짜고짜 산문이 목적의 팔을 휘둘러댄다)

목적이라뇨? 그냥 흘러나오니 받아 적는 거지요

그래도 목적이 있을 거 아닙니까, 쓰는 목적이! (산문은 답답하다는 듯 목청을 돋운다)

내가 당신이 전화 걸어 만나자 해서 여기 나왔을 때 당신을 만나야 할 아무 목적 없이도 이렇게 나왔듯 시도 그러합니다 아니면, 밥을 먹듯이 시도 그러합니다

(시도 답답하고 산문도 답답하다, 짧은 침묵)

그러나 꼭 목적이 있어야만 우리가 만나는 겁니까? (산문이 그제서야 고개를 끄덕인다)

아 그렇다니, 그렇군요 그냥 궁금해서 물어봤을 뿐이에요 (산문이 계면쩍게 웃는다)

궁금하면 뭐든 물어야지요, 노 프라블럼! (시와 산문이 함께 상쾌하게 웃는다)

시와 산문은 도처에서 만난다
그나마 그날 날씨가 화창하다면
산문시 정도는 반죽할 수 있다
더불어 웃음꽃 수다꽃도 피워낼 수 있다

내 가슴의 책 한 권

내 가슴의 책 한 권
세상에게 건네고
꽃 피고 지는 소리 전화벨처럼 울렸다

친구도 없고 적도 없는 한 계절을 학습했다
삶이 대체로 그러하다는 걸 몰랐던 것도 아니었건만

먼 곳에서 보내온 투명한 햇빛의 편지에 놀랐고
가까운 곳의 메마른 무응답에 놀랐다
놀랐다가 다시 제자리로 돌아와
여러 표정의 응답들을 거울처럼 들여다봤다

아직도 내 책은 완성되지 않았다

꽃 피는 계절을 기다릴 필요가 없다

세월은 나를 낚아채어

세월은 나를 낚아채어
어디로 가는가

강물처럼 흘러가며
어디에서 낚시 바늘 뺄 것인가

그 바늘에서 놓여나면
비로소 저 허공이 되려는가

엽서 같은 시

보내준 시집 잘 받았다며
감사히 잘 읽겠다는 엽서에 어린
투명한 봄빛 같은 마음에게
나도 감사하다는 엽서를 부친다
받는 사람만 볼 수 있는
구구절절 봉투에 갇힌 편지가 아니라
그 어떤 눈길에든 열려 있는 엽서를 부치며
이런 엽서 같은 시를 쓰면
누구든 다 읽을 수 있는 환한 마음
세상에게 전송할 수 있지 않을까 하는
엽서 같은 생각 한 장 얼핏

내밀한 편지 같은 삶을 지나
담박한 엽서 같은 삶으로 건너가면
엽서 같은 시가 나에게 엽서를 보낼까?
우리, 만날까? 하면서

침묵의 문

많은 말이 필요 없다는 걸 알고 있었지만
길 잃은 비누방울 같은 말들이라도
후후 공중에 날려야 하는 순간이 있다
때로 침묵에 문 하나는 달아 놓아야
바람과 햇살과 비와 눈 혹은 꽃들이 침묵을 드나들며
저들만의 수다한 무늬로 침묵과 뒤엉킬 수 있으므로

더는 드나들 것들이 사라질 때
침묵의 문은
저 스스로 흔적도 없이 사라질 것이다

그래, 당신은 행복한가?

겨울이 왔다
초대하지도 않았는데
날선 바람과 얼어붙은 것들을 데불고

그러면서 내게 물었다
그래, 당신은 행복한가?

그때 나는 허공을 바라보던 참이었다
나는 대답하지 않았다

다시 뭔가 미심쩍은 겨울이 물었다
당신, 행복해?
나는 음악이 대마초처럼 달콤해,라고만 대답했다
겨울은 고개를 갸우뚱했다

언제나 그랬듯 대화란 건 결국 독백일 뿐
내가 행복하든 안 하든, 듣고 싶은 말이 뭐야?

겨울은 또 재촉한다, 당신 행복해?
나는 겨울의 집요함에 대꾸하고 싶지 않았다
허공에다 꽃과 구름이나 그려 넣고 싶었다

당신은 금욕주의자입니까?

술 마시는 사람들 참 대단해요,
술 안 마시는 누군가가 말했다
대단하긴 뭘 그저 땡기니까 마시는 거지,
술 잘 마시는 누군가가 중얼댔다

대단할 거도 대단하지 않을 것도 없다는 걸
그저 땡기니까,가 깡그리 대변한다

땡기면 가보는 거지, 어디든
그것이 허방이라면 건너가면 되고
그것이 금광이라면 금을 캐내면 되고

땡기는데도 돌아보지 않는 자들,
삶의 비밀정원 하나를 놓치고 가는 자들

당신은 금욕주의자입니까?
정말 대단하세요!

어처구니

누가 자꾸 어처구니를 가져가 버리는지
어처구니가 없어진다, 자주

어처구니를 가져가는 사람들은
힘이 센가 똘마니들이 많은가 비싼 차를 가졌는가
잘도 가져가고 잘도 처분한다
어처구니를 도둑맞은 사람들은
대책 없이 어처구니없다
어디서 어처구니를 찾아와야 하나

어처구니없는 뉴스들이 매일 배달된다
어처구니를 찾아야 한다는 데모도 끊이질 않는다
서로 어처구니없다며 멱살도 잡는다

어처구니를 돌려주는 분실보관소는 언제 문을 여나?
어처구니를 돌려준 미담은 아주 오래된 얘기다

어쨌든, 공중제비나 한번

어쨌든, 기억이라는 것은
저 좋을 대로 편집된다는 걸
당신도 알게 된다면
장담할 수 없는 기억이라는 영화를
오호, 그랬니? 사심 없이 감상할 수 있을 텐데
떨어지는 순간 몇 번 빙그르르
공중제비의 황홀로 생을 마감하는 낙엽처럼
기억의 한순간으로부터 춤추며 떨어질 텐데

어쨌든, 그러했다면 그러했던 거겠지
그러했던 것으로부터
그토록 들러붙어 있을 거까진 없지 않아?
한번 핑그르르 공중제비나 해보는 건 어때?

놀랄 것도 없지, 다들 그러했으니
공중제비의 황홀을 아는 이 만나지 못했으니
그냥 그런가 보다 했지, 다들 그러했으니

어쨌든, 어디 한번 해볼까, 공중제비?
세상이 핑그르르, 주머니에 든 기억들 다 쏟아버리고
다시 제자리에 서서 텅 빈 하늘을 바라보는 일
아무 일도 아닌 듯 내 앞의 풍경을 맞아들이는 일

지병

이 사람 만나면 이 말을 하고
저 사람 만나면 저 말을 하고
혼자 있으면 혼잣말을 주절댄다
그 말들 어디로 향하는지 알지 못한 채
입들은 횡설수설을 퍼먹으며
질긴 말을 씹는다, 외롭지 않기 위해

외롭지 않기 위해
여기도 기웃대고 저기도 기웃대며
한참 허풍의 풍선도 불어본다
그러다 집으로 홀로 돌아오는 길엔
가슴이 후줄근해지고 다리에 바람이 빠진다

외로움이란 병,
다들 자신만의 다른 분칠을 해서 그렇지
조금씩 다른 수위의 지병들 아닌가?
저마다 눈치 채든 눈치 채지 못하든
미열 정도든 병원에 가야할 정도든

어느 자리에선가 누군가 나에게 물었다
외로워서 시를 쓰느냐?고
나는, 대답 대신
다들 외로운 거 아니예요? 반문했다

지병이 도지면
적막과 시를 약처럼 복용한다

사막

물론 나는 아직도 사막에 가본 적 없으므로
사막은 여전히 내게 관념일 뿐이지만
어쨌든 나는 사막을 운 좋게 건너왔다

모래 섞인 말에 모래투성이 얼굴에 우물도 숨겨놓지 않은 가난한 사막의 마음을 만나면 입안 가득 모래가 씹혀진다 삭막하다, 도무지 그렇게 어찌 사냐

물론 나도 한때는 사막이었다
물론 그렇게도 살아지기는 하더라
물론 신기루에 속기도 했다

적어도 우물은 품고 살아야 사막이었어도 언젠간 추억이라는 액자에 담길만한 사막의 얼굴 아니겠니? 라는 말이 모래를 만나면 목구멍에 걸린다, 나의 입은 너의 모래로 가득해

내가 한때 사막이었으므로

사막이여, 부디
네 속의 우물을 찾아내거라
자주 선인장꽃의 안부라도 전해다오

하루를 바치다

암스테르담의 어느 봄날 하루가 고흐를 만나는 두근거림에 바쳐졌다

낯선 길 위를 헤매며 찾아갔던 고흐박물관 앞 긴 줄 속에서 오래 기다리며 하늘 구경 사람 구경하다가 15유로를 지불하고 고흐의 거대한 무덤 속으로 들어갔다

생애 동안 세상의 눈길로부터 먼 곳에 있었던 고흐의 그림들이 3층으로 된 전시실마다 유물처럼 걸려 있고, 분명 거기, 어룽졌던 고흐의 영혼! 그의 몸이 사라진 후에야 사람들은 그의 영혼이 깃든 그림에 찬사를 보내기 위해 먼 곳에서 가까운 곳에서 밀물처럼 흘러들어왔다 세상의 아이러니들은 자주 이런 식이다 그림 앞에 선 눈길들은 영혼의 발굴자들처럼 고요하고 진지했다

우리는 3시간 고흐의 노란 집에 들어가 고흐의 낡은 신발도 신어보고 감자도 먹어보고 고흐의 침실에 누워 해바라기를 바라보기도 했다 보리밭과 아몬드나무와 복

숭아꽃, 까마귀와 사이프러스나무와 별들도 고흐의 눈길을 빌려 바라봤다 가슴에 별 총총 떴다 하늘에서 고흐가 보낸 편지처럼

저물녘 숙소로 돌아오는 길 우리의 얼굴은 황금빛 해바라기로 피어났다

디오게네스

디오게네스가 현대로 타임머신을 타고 온다면
그는 복제된 수많은 알렉산더들이 자가용을 타고
욕망의 기어를 올리며 질주하는 것을 보고
무슨 말을 해 줄까?

당신은 어디로 가는가?
당신이 원하는 것은 정복왕?
정복 다음엔 뭘 하려고?
쉬고 싶다고?
정복하기도 전에 죽으면 어쩔려구?

수행

난전에 채소 몇 바구니 펼쳐 놓고
꼬부라진 허리 더 꾸부려
마늘을 까거나 파를 다듬는 머리가 파뿌리인
그 할머니의 경전은 생존
점심은 계란 부침 하나와 맨밥

얼마나 더 꾸부러져야
이 남루한 수행이 끝날까?

부디 간결해지기를

하늘을 배경으로
인화된 표정들 예사롭지 않네

바람의 간결한 노래
나뭇잎의 간결한 웃음
꽃의 간결한 사랑고백
새의 간결한 자유

간결해서 선명한 것들
선명해서 눈부신 것들

말아 행동아 마음아
부디 간결해지기를
간결해서 서로 부대끼지 말기를

고통아 슬픔아 상처야
부디 간결해지기를
간결해서 마침내 투명해지기를

지금 여기에서

너는 언제나 과거
혹은 언제나 미래
이젠 네가 그립지 않네
지금 여기에서 너를 기다리는 일
이젠 더 이상 내가 할 일이 아니네
지금 여기에서
나는 방금 나에게 당도한 삶과 놀고 있네
그 삶이 어떠한 얼굴이든 상관없지
너에 대한 그리움도 기다림도
이제는 내 친구가 아니네

네가 헌옷처럼 맞지 않는 순간이
이젠 슬프지 않아

보이니, 나의 노래?
들리니, 나의 춤?

한번 통해볼까?

주파수가 맞지 않은 것뿐
서로 다른 궤도를 돌았던 것뿐
다만, 그런 이유뿐

아무도 그리워지지 않는 계절이
환절기처럼 지나갔다

결국 통하지 못했다면
그건 진심이 아니었겠지
아무리 진심이었다 말해도

설사 통하지 않았더라도
더 진심하자고 토닥일밖에
진심의 전신주를 다시 세우며

한번 통해볼까,
벼랑 끝이라도,
마음을 몽땅 털어 진심으로?

마음의 주파수

내 마음 잘못 읽은 마음에게
전원 확 꺼버린 때도 있었네
내 마음 몰라주는 마음에게
다이얼 확 돌려버린 때도 있었네

마음의 주파수가 다르면
그럴 수도 있다는 걸
그땐 몰랐었네

몰랐으니, 내 마음 역시
그 마음 잘못 읽었을 때도
그 마음 몰라줬을 때도 있었을 터

마음의 다이얼 돌려가며
주파수 이리저리 맞춰보네
잡음이 없어지고
환한 마음이 들리는 지점이 있더군

당신이 시인이라면

달린다
전속력으로
먹이를 향해
엄청난 무리들이

그것뿐일까,
삶이란 밑그림이?

(아니라고 말해줘, 제발!)

먹이가 보여도
그냥 산책이나 즐긴다고
말해줘, 시인이여

산책에서 만난
풀꽃 한 송이라도 보여줘
맹수의 삶에게

햇빛과 바람과 비만 먹고도
무진장 꽃을 게워내는
저 풍만한 나무와 동족이라고 말해줘

당신이 시인이라면

나는 당신의 시를 읽지 않겠습니다

고독할 짬도 없는 시인이여
나는 당신의 시를 읽지 않겠습니다

고독할 자유도 없는 시인이여
나는 당신의 시를 읽지 않겠습니다

고독의 광맥에서 파낸 보석이 아니라면
그 어떤 번쩍거리는 인조보석도
내 가슴의 밤하늘로 데려오지 않겠습니다

세상이 던져주는 화려한 조명에 눈멀어
고독의 집으로 돌아가는 길을 잃어버린 시인이여
나는 당신의 시를 읽지 않겠습니다

진짜 그래!

—내 죽으면 이 맛도 더 못 볼겨
—진짜 그래!
늙은 해녀가 힘들어 캐낸 해삼을 사이에 두고
늙은 부부는 막걸리를 마신다
진짜 그래, 늙은 남편의 화답이
그 어떤 안주보다도 쫄깃하고 맛있어 보인다
오랜 세월 발효된 사이에서만 우러나오는
그런 말, 속정 깊은 말, 진짜 그래!

내 죽으면 나를 더 맛볼 수 없을 내 시도
속정 깊게, 늙은 나에게
진짜 그래! 해준다면

시인

(시 쓰는 건
시처럼 살기 보단 쉽겠지?)

시 안 써도 시 닮은 사람이
더 시인 같을 때도 있더라

유명한 시인의 매너리즘으로 버무린 시집보다
무명한 동시 한 편이 가슴 실로폰 울리고
푸른 종소리로 가슴의 오선지에 내려앉을 때도 있더라

(詩詩하거나 시시한 나여, 부디
투명한 시 한 편의 삶 완성하기를)

| 시인의 산문 |

1997, 내면 일기

세상으로 나간 나의 시를 혼자 들여다보는 기분, 참 묘하다. 마침내 출구를 찾은 탈옥자의 환희와 그 출구 밖의 낯선 길에 대한 불안 사이를 서성거리는 기분 같은. 그래, 길트기의 시작. 아무도 나에게 가르쳐 주지 않은 길. 오로지 내 힘으로 찾아 가야 하는 길. 그러나 자유롭고 아름답게 갈 수 있을 것이다, 지금껏 웅크려 온 그 힘으로. 오래 갇혀 있어 본 자만이 길 위의 고통을 견뎌낼 수 있고 또한 길 위의 환희를 노래 부를 수 있다. 아무리 먼 길이어도 나는 시의 길 위에서 치열하게 타오르고 싶다(970116).

부산에서 한 독자가 책에서 내 시를 잘 읽었다며 전화가 왔다. 자신도 1963년생이며 초등학교 교사라고. 전화기를 타고 아이 보채는 소리가 들렸다. 어떻게 시 공부했느냐,는 질문에 그냥 썼어요,라고 나는 대답했다. 그렇다. 나는 내 몸 속에 시가 차오르면 그냥 썼다. 그게 전부다. 억지로 시를 쓰려고 머릴 쥐어짜 본 적도 없다. 시가 내게로 오면 반가이 따뜻하게 포옹했고, 시가 내 곁을 떠나면 텅 빈 듯 살아갔다. 그리고 나를 떠난 시는 언제나 되돌아왔다. 다른 표정으로, 다른 목소리로. 그러면 나는 또 그 시를 끌어안았다. 내가 끌어안은 것이 시인지 뭔지 때때로 의아해 하면서.

세상의 먼 길을 공식적으로 떠난 나의 시들 위로 눈부신 햇살 가득하길. 그리고 멀고 먼 길 지치지 않고 갈 수 있길. 그렇게 되리라. 나는 충분히 썩어 있었으므로 이젠 발효할 때. 내 시는 내 삶의 흔적, 그 이상도 그 이하도 아니다(970118).

겨울에서 봄으로 건너오면서 나는 시의 칼날로 남루한 나를 거듭 벗겨내고 시의 멧목으로 황막한 현실로부터 어디론가 나를 데리고 갔다. 시는 남루한 나를 벗기고 새로운 나를 입혀 줬다. 그러한 정화작용이 없었더라면 미망에 사로잡힌 나는 폭삭 내려앉아 황막한 현실 속의 삶을 포기하고 말았을 것이다. 그러나 시는 그러한 나를 일으켜 세워 투명한 나에게로 갈 수 있는 힘을 주었다. 나는 외롭지 않다. 모든 것들이 나를 떠났을 때 시는 내게로 와 남루한 나를 받아 안았다. 그래서 나는 세상 속에서 상실감 따위로 인한 후줄근한 표정을 짓지 않았다. 애초에 내 것이 없었는데 무엇을 잃을 수 있으랴. 시는 그러한 진실을 나에게 가르쳐 주었다. 그러므로 시는 내가 죽을 때까지 간직해야 할 삶의 힘이다(970318).

나의 나날들은 사막의 밤이었다. 사방이 캄캄하고 목이 마르고 사랑이 고팠고 사람의 목소리가 그리웠다. 나는 언제나 낯선 길 위에서 혼자였다. 어디로 가야 하는 거지? 혼자 중얼거리다 주저앉아 별빛 쏟아지는 하늘을 보곤 했다. 그 눈부시게 아름다운 밤하늘의 풍경을 누구에게라도 보여 주고 싶었으나 혼자 볼 수밖에 없는 그런 쓸쓸함. 모두들 집으로 돌아가 버리고 나만 길 위에 버려진 듯한 황량함. 나에게도 돌아갈 집이 없는 것은 아니다. 내 어머니가 등불 밝히시고 날 기다리는 아득하고 따뜻한 집. 그러나 그 집은 이제 내가 쉴 곳이 아니다. 나는 그 집을 떠나 왔고 내 영혼의 집을 찾기 위해 길 위에 있는 것이다. 일생을 누이고 지친 내 영혼을 쉬게 할 집. 나는 그 집이 나의 시이기를 바랬다. 길 위의 쓸쓸함과 황막감을 위로받을 수 있는, 사람의 따스한 가슴 같은 그런 집. 사막의 밤을 건너면서 그런 집들을 신기루처럼 보았고 꿈속에서 나는 그런 집을 지었다. 꿈꾸지 않으면 견딜 수 없는 그런 나날들. 이 사막의 밤이 지나면 꿈속에서 짓곤했던 그 집에 가 닿으리라는 믿음을 지팡이 삼아 나는 죽음과 같은 나날들을 견뎠다. 나에게 있어 삶은 사는 게 아니라 견디는 거였다. 견디면서 나는 깨달았다. 내 삶이 왜 사막의 밤일 수밖에 없는지를. 사막의 밤에만 꿀 수 있는 꿈, 그것이 내 시들이었고, 그 지리한 밤들을 건너가면서 나는 시인이 가야 할 투명한 뼈의 길 하나를 찾아냈다. 그 길은 고통스럽지만 진실하고 아름다운 길이다. 이 길을 스스로 발견해내기 위해 내 삶은 그토록 끝간 데 없는 사막의 밤이었던 것이다. 세상에 공짜는 아무것도 없다. 나는 그 투명한 뼈의 길을 찾는 데 고스란히 내 청춘을 몽땅 지불했다. 이제 나는 서른여섯. 그 길 앞에 서서 준비체조를 하고 있다. 멀고 막막한 그 길 앞에서(970727).

무인도의 삶. 세상으로부터 실종되어버린 삶. 내 삶은 그랬다. 나는 언제나 세상이 낯설었고 세상 속에선 불편했다. 이러한 나를 세상 역시 관심이 없었고 나는 그들의 동그라미 속에 들어갈 수 없었다. 상처받은 나는 간단히 내 속으로 실종해버렸다. 내 속은 컴컴했고 습기찼고 너무 뜨겁거나 서늘했다. 그래도 세상 속으로 출현하고 싶은 생각은 점점 줄어들었다. 병이 깊어갔다. 자폐증. 세상 앞에서 도무지 열리려 하지 않는 나. 그러므로 당연히 세상 속의 나는 유령이었고 내 속의 나는 세상에서 잊혀졌다. 내 속에서 나는 상처받은 나를 오래 들여다보았다. 내 속의 진실이 사랑이 이제는 더 아무 데로도 가려 하지 않고 드러누워 있었다. 돼지에게 던져 준 진주는 물어 뜯겨질 뿐이었고 그것이 나의 상처였다. 그러나 더 큰 진실은 진실로 내가 세상을 사랑하지 않았다는 것. 그러므로 추방은 당연한 것. 내 속의 나는 사랑을 회복시켜야 했다. 그 사랑이 아니고서는 내 병은 치유될 수 없다. 사랑의 부재 속에서 사랑을 꿈꾸는 것, 무인도에서 그리운 나라를 꿈꾸는 것, 실종에서 길을 꿈꾸는 것, 그러한 꿈들이 내 속의 나를 위로해 주었다. 그러한 내 속의 나를 아무도 만난 적 없으므로 아무도 나를 증거해 줄 수 없다. 내가 나를 기록해 놓지 않으면 내 비루한 삶은 영원히 세상으로부터 실종해버릴 것이다. 잊혀짐에 대한, 사라짐에 대한, 덧없음에 대한 저항, 비루한 삶으로부터 빛나는 진실을 건져 올리는 작업, 한 인간의 내면을 밑바닥까지 내려가 보는 일, 그리고 다시 내가 세상 속으로 비상할 수 있는 힘을 축적하는 것, 이 모든 것들을 위해 나는 내 속에서 시를 썼다. 내 상처로, 내 슬픔으로 빚은 시들이 세상을 위로해 줄 수 있는 순간들을 꿈꾸며.

나는 시를 쓰면서 내 속에 축적되는 에너지를 느꼈다.

도망다니기만 했던 내가 다시 세상과 대면하고 싶은 생각이 든 것은 내 속의 나를 세상 속으로 방생하는 것만이 온전한 삶이라는 깨달음 때문이다. 내 속으로의 실종은 그러한 온전한 삶을 위한 잠정적인 죽음인지도 모른다. 거듭거듭 새로 태어나기 위해 죽음과 같은 삶으로 내려가 보아야 한다. 그러한 죽음을 통과하고 나면 세상이 다르게 보인다. 나에게 상처 준 세상이 아니라 내가 사랑해야 할 세상으로.

무인도에서 나와 함께 놀아 주며 나의 흐린 눈을 닦아 주던 시. 어느 날부터 나는 시의 창을 통해 세상을 건너다보기 시작했고, 그 창 밖의 세상은 투명했다. 나는 세상이 그리워지기 시작했다. 그리움은 삶의 병이 되기도 하고 힘이 되기도 한다. 또한 그 그리움은 내가 살아 있음을 알려 주는 알람이기도 하다. 그 그리움의 병으로 그 그리움의 힘으로 나는 쓰고 또 써댈 것이다. 죽는 날까지(970803).

옛날에 써 놓은 시들을 고쳐 쓰면서 컴퓨터에 입력한다. 십 년도 더 전에 써 놓은 것들에서부터 몇 년 전에 쓴 것들까지. 푹 썩어 있은 게 참 다행이란 생각이 든다. 운이 있어 일찍 시인이란 이름을 내걸었다면 나는 너무도 설익은 시들을 세상에 내놓았을 것이다. 이제서야 때가 되었는지도 모른다. 내 목소리로 생을 노래할 수 있을 것 같다, 담담하게.

지난 시절의 시들을 보니 유난히 길과 사랑에 대한 시가 많다. 그만큼 나는 오래 갇혀 있었고 사랑이 지독하게 결핍되어 있었다는 증거다. 갇혀 있지 않으면 길의 참된 의미를 깨달을 수 없고, 어두워보지 않으면 빛의 참된 의미를 깨달을 수 없다. 결국 지독한 그리움과 기다림 그리고 외로움이 나를 시인의 길로 가게 했다. 시인은 그것들을 무기로 허무와 맞붙어 싸우며 생의 의미와 본질을 얻어낸다. 헛될 뿐인 삶이라 할지라도 그 삶의 진실을 걸러내기 위해 시인은 일생을 바친다. 그러므로 시인은 순결하다. 내가 이렇듯 세상으로부터 아웃사이더인 것은 시인의 길을 가야 하는 운명 때문인지도 모른다. 나는 진실로 시인이고 싶다(970806).

아침에 눈을 뜨면 카프카의 『젊은 산책가의 노트』를 조금씩 읽는다. 카프카는 일기를 통해 모든 것들을 세밀화를 그리듯 아주 꼼꼼히 자세하게 쓰는 훈련을 한 것 같다. 사람에 대한 묘사, 연극에 대한 줄거리와 느낌들, 상황묘사, 그리고 모든 것들에 대한 자신의 느낌. 마치 모든 걸 다 적어 놓으려는 사람처럼 카프카는 집요하게 쓴다. 내겐 그게 부족하다. 나는 그저 총체적인 나의 느낌만 적고 만다. 그래서는 소설 같은 글은 끝내 쓸 수 없으리라. 어떤 집요함 같은 것, 그것이 글쓰기에 필요한 것 같다. 그러나 이 책은 별로 나의 흥미를 끌지 못한다. 몇몇 문장을 제외하고는.

반면에 오후쯤 시간이 무료하게 느껴지면 밀란 쿤데라의 『사유하는 존재의 아름다움』을 뒤적거린다. 몇 년 전에 좀 읽다가 밀쳐둔 책. 쿤데라는 카프카와 야나체크에 상당히 사로잡혀 있는 것 같다. 그의 글들은 너무도 지적이고 유쾌하며 음악적이다. 쿤데라 역시 어떤 집요함으로 사유하고 글을 쓴다. 난해하지만 팽개칠 수 없는 어떤 매력. 집요함. 밑바닥까지 사로잡혀 내려가기. 바이올린의 절대음 같은 것. 본질에 대한 열정적인 탐구는 감동을 준다. 빈둥대며 쓰는 글은 결국 오래 가지 못한다. 너무 물러빠진 나에게 필요한 것은 집요함이다 (970807).

하루 종일 굵은 비. 옛날 써놓은 시들을 정리하다 보니 그 시들의 치기만만함과 감상주의라니! 그 땐 절실했겠지만. 다시 시들을 고쳐 쓰면서 생각한다. 어떤 삶도 완성된 것은 없다는 것. 부수고 새로 짓고 고치고 하면서 삶을 끊임없이 만들어가야 한다는 것. 나는 운명에 너무 사로잡혀 있었다. 그 사로잡힘이 나의 삶을 망가뜨

렸다. 나는 쉽게 체념했고 너무 쉽게 삶으로부터 물러섰다. 그래서 지금껏 내가 이룩한 것은 천형 같은 고독뿐. 십 년 전이나 지금이나 내 삶은 달라진 게 없다. 십 년 전의 시를 지금 다시 고쳐 쓰듯 나는 내 삶을 수정해야 한다. 고치고 고치고 또 고치는 불굴의 의지.

내 시는 세상으로부터 뿌리 뽑히고 상처받고 추방당한 그러나 그 슬픔의 힘으로 다시 세상을 돌아보는 영혼들에게 바치고 싶다. 세상과 궁합이 잘 맞다면 시가 필요할까? 세상과 즐겁게 희희낙락하는 삶이라면 차라리 차차차 같은 유행가가 어울리겠지. 그리운 것들과 어쩔 수 없이 비껴갈 수밖에 없는 불행과 한치의 그리움도 기다림도 외로움도 줄여주지 않는 비정한 운명을 짐진 자들과 나는 내 시를 함께 나누고 싶다. 내 시가 그들에게 자신의 불행과 운명이 자신에게만 짐 지워진 것이 아니란 것을 확인하는 작은 위로가 될 수 있다면(970810).

드디어 내일 떠난다. 짐 꾸리지도 않고 딴청이다. 습작기 때 쓴 것들을 제외하면 거의 시 정리 작업이 끝났다. 조금 전에. 그래도 이번 여름, 맹탕 무위도식은 아닌 것 같다.

괜히 쓸쓸해져서 저녁엔 혼자 포도주 두 잔했다. 나의 미국여행을 자축하면서. 혼자 떠나고 돌아오는 길.

그러나 인간은 결국 혼자다. 그러나 또 어쩔 수 없이 나는 힘이 빠진다. 함께 떠날 수 있는 삶이라면 좀 덜 쓸쓸할 것 아닌가. 그럴 날이 오겠지(970811).

여행에서 돌아와 우편함이 텅 비어 있을 때 자동 응답기에 하나의 메시지도 남겨져 있지 않을 때 가슴이 썰렁해진다. 서울로 간 나의 시들은 어찌된 것일까. 기대를 버려야겠지. 다시 한번 길을 뚫어봐야겠다.

바깥을 내다보니 햇빛이 투명하다. 초록 잎사귀에 스미는 햇빛들. 다시 나를 정리하고 청소하고 먼지를 털어내고 새로운 삶을 준비해야 한다. 개학하면 또 겨울방학 때까지 별 가망 없는 날들 속에서 재미없게 살아갈 테지만, 이젠 열심히 읽고 쓰면서 내 삶을 가열하고 싶다. 그렇게 살아갈 자신 있다(970821).

누구에게라도 기대려하지 않고 자가발전할 수 있는 건강한 정신이야 말로 건강한 글을 쓸 수 있는 필수조건이다. 독자의 정신을 오염시키지 않는 건강한 글. 정신의 양식이 될 수 있는 그런 글. 건강한 삶을 살지 않으면 건강한 글을 쓰기가 어렵다. 삶에서 즙처럼 흘러나온 글이 아니면 대개 사이비이기 일쑤다. 사이비 시인이 되지 않기 위해선 사이비 삶을 살지 않아야 한다. 모든 껍데기들과 사이비들을 경계할 것. 헛것에 사로잡혔던 시간에 대한 비탄과 헛것에 사로잡히지 않기 위해 안간힘 썼던 마음의 사투, 그곳에 머물며 나는 기다린다, 시를(970909).

나는 여하히 나의 운명을 사랑할 것이다. 지금껏 나의 삶이 고단했던 것은 신이 나를 깨달음의 길로 데려가기 위한 것임을 나는 알기에 어떠한 고통도 두렵지 않다. 얼마든지, 그렇다 얼마든지, 나는 세상의 벽들을 건너뛸 힘이 있다. 본질을 명상하면 그밖의 껍데기들은 다 우스워진다. 껍데기는 가라. 나는 진실로 내 존재의 빛을 찾아 갈지니. 모든 것은 다 내 속에 있다. 나는 자가 발전하는 아름다운 빛이 되리라(970924).

언젠가부터 FM에서 옛애인 같은 음악 흘러나오면 테이프에 담아 두기 시작했다. 언젠가부터 내 마음의 가지를 스치는 바람의 숨결 느껴지면 느낌에 언어의 옷을 입혀보기 시작했다. 언젠가부터 TV에서 내 그리운 나라의 시민들이 진짜배기 삶을 배낭처럼 메고 걷고 달리고 나는 걸 보면 비디오에 녹화해 두기 시작했다. 언젠가부터 사람이 꽃이나 나무나 별처럼 보이면 마음의 사진을 찍기 시작했다. 그러나 흐르는 구름들을 비끌어 매놓을 수 없다는 걸 나는 언제부터 알기 시작했을까? 그래서 언젠가부터 나는 내게로 들어찼던 아름다운 풍경들을 그냥 흘려보내기 시작했던 것일까?

언젠가부터 당신이라는 의뭉스런 반죽덩어리 속에서 국수 면발 뽑아내듯 당신을 술술 풀어내고 싶었다. 언젠가부터 내가 맛있는 국수처럼 후루룩 삼켰던 당신은 내 속에서 나에게 말을 걸고 속삭이고 나를 웃기고 울리며 내 속에 머물렀다. 그러나 내 속에서 소화되지 못하고 나를 빠져나간 당신은 언젠가부터 내 밖에서 나를 찍는 무비 카메라였다. 그러나 당신, 지금 어디에 있는가? (1997년 시작노트에서)

만인사가 펴낸 김현옥의 시집
언더그라운드(2008)
니르바나 카페(2010)

만인시인선 55
룸펜들

초판 인쇄 2015년 4월 20일
초판 발행 2015년 4월 25일

지은이 / 김 현 옥
펴낸이 / 박 진 환

펴낸 곳 / 만인사
출판등록 / 1996년 4월 20일 제03-01-306호
주소 / 700-813 대구광역시 중구 명륜로 116
전화 / (053)422-0550
팩스 / (053)426-9543
전자우편 / maninsa@hanmail.net
홈페이지 / www.maninsa.co.kr

ISBN 978-89-6349-074-8 03810

값 8,000원

* 이 도서의 국립중앙도서관 출판시도서목록(CIP)은 서지정보유통지원시스템 홈페이지(http://seoji.nl.go.kr)와 국가자료공동목록시스템(http://www.nl.go.kr/kolisnet)에서 이용하실 수 있습니다(CIP제어번호 : CIP2015009788).